MAXIME N'DEBEKA

LE PRÉSIDENT

Drame satirique en trois actes

Préface
d'HENRI LOPÈS

L'Harmattan

© *L'Harmattan,* 1982
ISBN : 2-85802-225-9
ISSN : 0223-9930

Le président

PREFACE

Au Congo, Maxime N'Debeka c'est d'abord le poète. Et, pour beaucoup, c'est le poète de ce fameux « 980 000 », dont même les illettrés chantent en chœur le vers « Nous oserons » chaque fois qu'ils revendiquent contre une injustice. Ce poème n'appartient plus à N'Debeka, il est la propriété du peuple congolais, jusqu'à ce que l'Afrique, puis le monde exploité, et enfin le reste du monde, le découvrent et peut-être s'en emparent.

Certes, ce n'est pas de poésie qu'il s'agit ici, mais de théâtre. Cependant, si j'ai voulu rappeler le destin de « 980 000 » dont le succès en notre pays est plus grand que celui de bien des rengaines, c'est pour dire que le projet poétique de N'Debeka n'est pas l'hermétisme tant à la mode, mais bien la rencontre avec le peuple.

Or il reste que le peuple (même en ce pays où 90 % des jeunes sont scolarisés) est, pour une large fraction, encore analphabète, et qu'il ne lui est pas donné de lire les recueils de son chantre.

Il était donc naturel que celui-ci aille à son public par une voie plus directe, je veux dire le théâtre, qui n'a besoin que de quelques acteurs et tréteaux pour toucher aussi bien le jeune de l'Action de Rénovation Rurale qui ne dispose pas de librairie aux alentours, que le vieux planteur de cacao de la Sangha qui a vécu son enfance à une époque où l'école ne lui était pas accessible.

Un poète n'est pas poète au seul moment où il crée. Il l'est sans répit. Sans doute jusqu'à son sommeil. A plus forte raison quand il écrit un drame : on reconnaîtra en lisant, ou en voyant, LE PRÉSIDENT le rythme et la vision du poète.

D'essence poétique, enfin, sont la colère et la révolte qui apparaissent comme un cri sous-tendant la pièce.

N'Debeka est de ces auteurs qui, si on leur demandait : « Que fais-tu pour la poésie ? », répondraient « Je combats l'impérialisme. » Or il le fait ! Sans avoir la naïveté, comme certains, de se contenter, superficiellement, de ressasser à longueur de journée : « A bas l'impérialisme ! L'impérialisme à bas, etc. »

N'Debeka en effet a compris que ce n'est pas en présentant des images saintes qu'on suscite l'état de grâce et qu'il vaut mieux montrer les défauts, dénoncer « les caractères » démoniaques, afin que le public, au lieu de s'en aller dormir en paix après le spectacle, soit hanté de cauchemars qui le convainquent que ce monde est à transformer et que c'est à lui que la tâche en revient.

Les interlocuteurs principaux du cauchemar qu'on va lire, sont tout ce monde de courtisans qui grouillent autour du *Président*, toujours prêts à lui cirer les chaussures et qui font qu'en ces jours les meilleurs des princes africains sont rapidement corrompus à leur contact. Les véritables conseillers, les gouvernements occultes, sont constitués, en Afrique, par cette faune. Et le chef d'Etat, à force de se griser de l'opium de cet entourage, ne voit plus les écueils et va irrémédiablement à sa chute, car c'est parmi ces familiers que naît le *Brutus-Ossé* qui un jour l'abattra.

On regrettera que le peuple reste sans cesse dans les coulisses et n'entre jamais en scène. Mais est-ce la faute de l'auteur ? Est-ce pessimisme de sa part ?

La raison ne tient-elle pas plutôt dans le fait que, dans la plupart des Etats africains, le peuple reste effectivement dans les coulisses. Même quand il est mécontent, il attend qu'un colonel Ossé vienne, tel le Messie, changer la situation. Parfois le colonel Ossé est un progressiste. Plus souvent un réactionnaire, ou pour le moins un conservateur, partisan de l'ordre. Dans tous les cas la foule se satisfait. Elle demandait le changement. Quelqu'un l'a opéré à sa place. Tout effort lui a été épargné... La foule peut ainsi se reposer. Mais se reposera-t-elle toujours ? Nous voulons croire qu'elle se souvient encore de ces vers d'un autre de nos poètes, aîné de N'Debeka, je veux parler de Tchicaya U Tam'si qui annonçait, au début de « Feux de brousse » :

« *Un jour il faudra se prendre*
et marcher haut les vents... »

Puisse ce " Président " contribuer à ce que les peuples africains prennent conscience pour, enfin, « se prendre » !

Henri LOPES.

PERSONNAGES

Le Président.
Le fils.
MAKAZU.
KATOKO.
OSSÉ.
Le magicien.
Deux gardes.
Deux garçons de chambre.
Trois gueux.

N.B. : La foule reste toujours dans les coulisses.

PROLOGUE

*Le rideau est encore baissé. Deux gardes font le
va-et-vient. Cris de la foule au fond.*

LA FOULE. — Vive le Président...! Vive le Président...!

*Chant du poète (qui commence fort et
abaisse de plus en plus la voix)*

Soleil de nos cœurs noirs et aigres
Aujourd'hui la chaleur, les feux qui l'accompa-
gnent
Brûlent nos terrains en jachère
Des étendues incommensurables verdissent sous
nos pieds
Des quatre coins de l'horizon
Le clairon de nos gorges le saluent
Vive le Président...! Vive le Président...!
Les fruits sont pleins de l'eau du ciel
Nos morts frémissent sous la caresse des feux du
ciel
A travers le ciel son nom se hisse au sommet de
la nature universelle.

LE PREMIER GARDE. — Ecoutez-moi ces putes!
chaque nuit, c'est la même chose ; on ne peut
plus se permettre de s'assoupir un instant.

LE DEUXIÈME GARDE. — J'entends frère. C'est cela la popularité.

LE PREMIER GARDE. — Tu parles. Moi je pourrais en obtenir autant. Ce n'est pas difficile d'avoir des ivrognes devant sa porte s'il suffit d'y dresser un rempart de quelques bons vins.

LE DEUXIÈME GARDE. — La foule est contente. Elle demandait le changement, quelqu'un l'a opéré à sa place. Aucun effort ne lui a été demandé. Cela ne mérite-t-il pas des louanges ? La foule peut ainsi continuer à se reposer.

LE PREMIER GARDE. — Et pourtant qui en tire profit, sinon une seule tierce personne ?

LE DEUXIÈME GARDE. — Cela ne compte pas pour la foule ! Aujourd'hui elle est contente !

LE PREMIER GARDE. — Pour nous, aucun changement : nous voyons toujours passer ces bonnes bouteilles de vin ; on nous empêche de fermer l'œil ; nous nous grisons de froid, alors qu'on pourrait bien traîner notre cuir devant cette même porte, mais à l'intérieur. Aucun changement pour nous. Et ce n'est pas tout ?

LE DEUXIÈME GARDE. — Quoi encore ?

LE PREMIER GARDE. — C'est en plus aux gens des armes de faire la corvée de bouteilles tous les matins autour du Palais.

LE DEUXIÈME GARDE. — Eh ! oui, nous sommes là pour servir ; la façon de servir ne compte pas. Seul servir compte (*silence*).

Dis-donc, il en a de l'argent notre Président !

Le premier garde. — Penses-tu ? Il se fait payer les vins qu'il offre aux ivrognes.

Le deuxième garde. — Ce n'est pas vrai !

Le premier garde. — Tu n'as qu'à écouter de temps en temps aux portes, l'autre, son fils ne le cache pas (*Bruit derrière le rideau*). Mais reprenons notre garde, quelqu'un arrive. (*Les deux gardes reprennent leur va-et-vient. Puis on lève le rideau*).

ACTE I

SCÈNE I

*Une salle du Palais. Tout est en désordre ;
deux garçons de chambre sont en train de sortir
les meubles. Entre le fils du Président.*

LE FILS. — Où en sommes-nous Messieurs ?

LE PREMIER GARÇON. — C'est que nous ne compre-
nons rien à ce qu'on nous demande. En principe,
cette salle devait rester la plus belle pour recevoir ; c'est la première fois qu'on nous demande
un travail de ce genre dans cette maison.

LE FILS. — C'est la première fois dites-vous ?
Pourtant, vous avez bien compris. On vous demande tout simplement de dénuder cette salle,
d'en faire un étalage de la pauvreté. Dans
cette salle, tout invité doit laisser ne fût-ce
qu'une larme. Chacun doit comprendre que nous
n'héritons de nos anciens maîtres qu'une maison
vide, qu'un Etat sans assises, un pouvoir sans
or.

LE DEUXIÈME GARÇON. — Dans ce cas notre travail
est facile !

LE FILS. — Très facile. Rien ne doit rester dans
cette salle.

LE PREMIER GARÇON. — Et ces fauteuils ?

LE FILS. — Ils n'existent pas.

LE PREMIER GARÇON. — Je les vois là pourtant.

LE FILS. — Eh bien ! Qu'attendez-vous pour les sortir ? Je vous répète que rien ne doit demeurer ici, sinon l'évidence de notre pauvreté.

LE MÊME GARÇON. — Puisque vous...

LE FILS. — Dépêchez-vous. Son Excellence ne va plus tarder. Aussitôt arrivé, il voudra éprouver son génie.

(*Sort le fils*).

SCÈNE 2

(*Les deux garçons*).

LE PREMIER. — Tu y comprends quelque chose toi ?

LE DEUXIÈME. — On ne nous demande pas de comprendre, mais de dénuder cette salle.

LE PREMIER. — Ça alors... Et qu'est-ce qu'on va faire de toutes ces choses ?

LE DEUXIÈME. — Rien. Elles n'existent pas, on te l'a dit. Au travail, mon ami, au travail sans tarder. Cela vaut mieux pour nous. (*Ils sortent tout sauf un fauteuil*).

LE PREMIER (*un instant après*). — Entre nous...

LE DEUXIÈME. — Oui ?

LE PREMIER. — Crois-tu qu'il y comprenne quelque chose, lui ?

LE DEUXIÈME. — Lui qui ?

LE PREMIER. — Le fils pardi !

LE DEUXIÈME. — Penses-tu ? D'ailleurs le torchon brûle déjà dans la famille.

LE PREMIER. — Pas vrai ?

LE DEUXIÈME. — Rien de plus vrai. Le fils pense que son père fait un piètre Président. Le père, de son côté, au lieu de faire taire ce fils audacieux, bouche ses propres oreilles ; mais attention : le Président, lui aussi, entend et observe.

LE PREMIER. — Alors ?

LE DEUXIÈME. — Alors, ce qui risque de se passer dans cette illustre maison nous procurera au moins une partie de plaisir. En fait, pour nous, rien n'est changé. (*Ils sortent d'un côté, en riant, tandis que de l'autre, entrent le Président et son fils*).

21

LE PRÉSIDENT. — Parfait !

LE FILS. — Il est grand temps que tu m'expliques le but de tout ceci. Je te sers pour sauver les apparences, parce que l'Etat, c'est en quelque sorte mon père : si nous perdons la face, je perds mon père. Mais cela ne peut plus durer. Je ne t'ai jamais caché ma façon de penser.

LE PRÉSIDENT. — Qui te demande de penser ? Tu ne dois jamais penser par toi-même ! L'Etat, c'est moi.

LE FILS. — Et que veut l'Etat ?

LE PRÉSIDENT. — Ce que je veux... ? Je vais te le dire. Ce que je veux est grand. Je me sens un besoin d'exister en Chef, en homme gonflé de tous les pouvoirs possibles et impossibles, maître des hommes, maître des choses.
La foule voulait un changement ; elle l'a eu ; et elle est satisfaite ; la page de la servitude directe est tournée : j'ouvre aujourd'hui le livre à celle du Président. La foule est satisfaite, écoute-la.

LA FOULE. — Vive le Président... ! Vive le Président... !

LE PRÉSIDENT. — Tu entends, tu l'entends, n'est-ce pas ? Le changement est là ; et tout est bon de ce qui est nouveau. Mais moi, je ne suis pas satisfait ; en moi, le changement élève les goûts. Je suis le Président ; mes joies, mon mépris, mon bonheur doivent être du goût le plus élevé. Je veux maintenant des satisfactions supérieures. (*Silence*).

Je sens là (*se frappant le cœur*) un feu qui brûle, qui me consume ; il veut sortir de mon corps et tout embraser. J'y veillerai ; je veillerai à ce que ce génie intérieur surgisse et brûle la face du monde. Alors seulement je serai heureux ! Ce que je veux est grand : je vais transformer le monde. Mon génie brûlera le monde pour que la vérité sorte de sa coque. Et, de cette vérité, je serai le Dieu !

LE FILS. — Tu es le chef ! Tu as tout le pouvoir ! Pourquoi vouloir en outre l'impossible ?

LE PRÉSIDENT. — Ce que je veux n'est impossible que pour celui qui, justement, ne possède pas le pouvoir, pour celui qui le possède, tout est possible.

LE FILS. — Je ne te comprends pas.

LE PRÉSIDENT. — Mon fils, mon école est ouverte à tout le monde. Que chacun y vienne boire à la source de la vérité. Il n'y aura point de théorie, mais de la pratique : l'enseignement par l'exemple. Je saurai user du pouvoir car j'ai compris à quoi il doit servir. Grâce au pouvoir, je montrerai la vérité, uniquement la vérité de ce monde ; je vais extraire à la fois l'or et l'âme de ce Pays ; et, de toutes ces richesses, marquer ma puissance ; mes sujets, eux, chercheront avec leur or à m'arracher des parcelles de pouvoir. Je le sais. Mais ils se font des illusions. Sans doute comprends-tu maintenant pourquoi on m'offre ces vins que je dépose autour du Palais pour fortifier les assises de l'Etat. Que se passe-t-il ? Je te sens troublé. Pourquoi ? Est-ce la vérité qui t'inquiète ?

Examinons le vol par exemple : le vol est naturel. Est honnête celui qui vole, malhonnête celui qui se retient de voler. Allons ! Pourquoi me regarder avec ces yeux-là ? La propriété privée, c'est le vol. Si je vole le voleur, je vole moins que d'autres. Et d'ailleurs, tout à fait entre nous, gouverner, c'est toujours voler. Est-il plus improbe de voler directement les sujets que de glisser des taxes vicieuses dans le prix de toutes les denrées dont ils ne peuvent se passer ? Gouverner, c'est voler. Quant à moi, j'ai seulement décidé de changer la manière. Je vais voler directement les plus grands de mes sujets. Je m'occuperai des petits plus tard, si mon moyen de voler, c'est-à-dire le pouvoir, ne s'use pas. J'y veillerai, je veillerai à ce que soit toujours conservé intact mon génie.

LE FILS. — Poursuivre l'impossible est d'un fou.

LE PRÉSIDENT. — Il serait étrange que l'ignorance et la médiocrité soient plus fortes que la sagesse. J'ai connu un temps où je tournais en rond dans le noir, où je me désespérais de n'être qu'un homme du commun, médiocre. Aujourd'hui, je me découvre tout autre. J'ai pris le parti d'être le Dieu de la vérité et j'y resterai attaché. Il n'y a point de grands esprits sans un grain de folie. Je t'offre un coin de ma chaire ; viens avec moi retourner ce monde fade.

LE FILS. — Non ! Ce serait immoral.

LE PRÉSIDENT. — Le seul moyen d'échapper à cette pensée serait de me ressembler.

LE FILS. — N'y compte pas.

LE PRÉSIDENT. — Scrupuleuse et sans expérience, voilà comment est la jeunesse.

LE FILS. — Tu es immonde.

LE PRÉSIDENT. — Voilà comment sont les hommes. Je suis immonde parce que je prends le taureau par les cornes, parce que j'ai décidé de vivre dans la vérité du monde. Je serai malgré tout le professeur de ces êtres privés de connaissance qui vivent dans le ventre des autres. De ce point de vue, la vertu, pourtant, me paraît l'emporter car je ne les ferai vivre que dans leur propre vérité, dans la vérité de ce monde qui transpire le crime et le vol. Je serai un excellent professeur, si tu m'aides.

LE FILS. — Jamais.

LE PRÉSIDENT. — Quand le père cessera de te le demander, le Président te l'ordonnera.

LE FILS. — Tant pis pour toi. Tu es en train d'oublier que je suis ton fils ; le moment venu, j'oublierai à mon tour que tu es mon père. Je serai plus que ton sujet, et je te ferai payer tous les forfaits que tu commettras par ma main.

LE PRÉSIDENT. — Tu vois qu'on peut très bien s'entendre ! (*Il regarde autour de lui*).

Dans ce salon, je vais sucer comme une sangsue tous les grands, tous ceux qui se disent mes amis, tous ces ambitieux. Je sucerai jusqu'à la moelle de leurs os, jusqu'aux graisses de leur âme. Dans ce salon, la pauvreté appellera la charité, et la charité amènera la pauvreté. Ce salon sera une école et moi le Professeur. J'apprendrai aux hommes à mieux vivre en homme aux yeux aigus et non en animaux indéfinissables. Ils apprendront le nom du crime, le nom du vol, celui du monde. Ils déchireront le voile qui cache la vérité, et découvriront enfin le crime et le vol. Vois-tu, pour eux, je serai magicien. L'impossible deviendra possible. Le feu sera l'eau et l'eau le feu. Les Grands descendront l'échelle sociale ; les Petits la monteront. Puis ils la redescendront, et les autres remonteront. Un mouvement alternatif. Il n'y aura plus aucune différence entre Grands et Petits.

Ah ! mon cher, seul le pouvoir compte, dans la vie ; et dès qu'on a compris son utilité, l'impossible devient possible, les Dieux s'agenouillent devant Soi.

Maintenant, inaugurons la plus grande entreprise de tous les temps : montrer à ces animaux aveugles leur véritable face ; ils se regarderont à travers moi. Je serai leur miroir... Fais, dès à présent, venir vers moi tous mes chers amis.

(*Hésitation du fils ; menace silencieuse du Président. Enfin le fils sort*).

scène 4

LE PRÉSIDENT (*seul*). — Dès ce jour, je vais apprendre aux hommes ce que devient le pouvoir quand il est en des mains fermes. J'en ai assez de constater que les choses n'apparaissent pas comme elles sont. On pensera que j'enfante le mal, non ; le mal est déjà là. Je ne ferai qu'en gratter le vernis pour qu'il soit plus léger à porter. A quoi me servirait ce pouvoir si je ne montrais pas à la foule qu'en réalité le soleil se couche à l'Est, qu'il vaut mieux rire quand un des siens meurt. A quoi me servirait ce pouvoir si je ne peux en vivre heureux. Tous ces animaux sont à moi. A quoi me servirait le pouvoir, si je restais condamné à traîner la part impure qui est en moi. Je vais déshabiller le mal dans tous les recoins de la terre. Le mal deviendra ainsi la vérité de chaque instant. Une seule chose est essentielle pour moi, vivre heureux ; et puisque je ne peux vivre heureux sans faire le mal, je le ferai donc. Je le ferai dans le but de blanchir la partie impure de mon être. Je vais contraindre les hommes ; confronter l'imbécile à l'intelligent ; le fils tuera son père ; plus de femmes fidèles ; le serviteur tuera le riche pour s'approprier ses richeses ; l'esclave rompra les os du milicien non pas pour se libérer, mais pour revêtir l'habit du dompteur d'hommes. Je vais vivre dans la vérité de ce monde. Je veux un pouvoir sans limites, et je m'en servirai sans limites pour le mal parce que le mal est la seule vérité de ce monde. Le mal est partout ; le bien n'existe pas. Le bien est le mal maquillé. Le bien n'est bien que s'il n'appartient qu'à un seul, mais on ne peut pas être heureux sans faire mal aux autres. Véritablement, le bien n'existe pas. Je ferai le mal, pour mon bien. Tiens... (*on éclaire encore plus la scène*) Voilà que se lève l'aube du nouveau règne. Tambours, roulez ! Voici l'ère nouvelle, l'heure du nouveau règne, le règne de la vérité, le règne du mal, la liberté accordée au mal, la liberté donnée au Président de faire librement et nécessairement le mal pour son bien.

Tambours, roulez... ! Silence... ! Des pas... Quelqu'un arrive. Voici que va commencer le règne du Dieu de l'héroïque vérité. (*Il va s'asseoir et attend*).

27

SCÈNE 5

(Entre le fils).

LE FILS. — Les amis de Son Excellence attendent d'être reçus.

LE PRÉSIDENT. — Fais-les entrer. Et je te prierai maintenant de te taire jusqu'à nouvel ordre. Tu deviens inquiétant depuis que tu as commencé à penser par toi-même.

LE FILS. — Bien, Monsieur le Président.

SCÈNE 6

(Entrent les amis du Président).

LE PRÉSIDENT. — Mes amis, mes chers amis, comme vous m'avez tous oublié !

TOUS ENSEMBLE. — Non !

LE PRÉSIDENT. — Si... vous m'avez jeté dans cette arène où je me languis, tout seul, sans l'aide ni le réconfort de quelque cher et bon ami.

TOUS ENSEMBLE. — Oh ! (*d'un air indigné*).

LE PRÉSIDENT. — Mais asseyez-vous, je vous en prie.

(*Les amis se retournent et ne trouvent aucune chaise*).

LE PRÉSIDENT (*gêné*). — Excusez-moi. Vous voyez n'est-ce pas ce que nous avons hérité de nos anciens maîtres ; pas même les chaises pour recevoir nos amis.

UN AMI (MAKAZU). — Vos chers et bons amis.

LE PRÉSIDENT. — Oui, bien sûr, mes chers et bons amis. Nulle part, dans cette sinistre maison, une seule trace de toutes les richesses extirpées à travers les âges, n'est restée, tout s'est envolé. Nous avons hérité un pouvoir, mais quel pouvoir ? Un pouvoir sans trône ni assises. Cette maison, au moment où je vous parle, ne tient plus que par la force de l'habitude.

LE MÊME AMI. — Il est temps, Monsieur le Président, de faire appel à des mains sûres et fermes, pour administrer votre maison.

LE PRÉSIDENT. — Avec quoi vêtirais-je mes fidèles amis ? Avec l'habit de la pauvreté et du froid ? Sur quoi ces mains s'appuyeraient-elles pour consolider cette maison ? J'en ai honte mes amis, j'en ai honte (*Silence*). A propos, je vous remercie pour tout ce que vous continuez de faire pour fortifier notre pouvoir. Je sais qu'avant-hier Makazu a déposé autour du Palais cent cinquante casiers de vin, cent de bière, cinquante de...

MAKAZU. — C'est peu de chose, Excellence. C'est
une quantité qu'à la réflexion j'ai jugée trop insi-
gnifiante ; aussi hier soir... n'avez-vous pas remarqué qu'hier la foule est restée toute la nuit devant
le Palais ?

LE PRÉSIDENT. — En effet.

MAKAZU. — Hier soir donc, j'ai ajouté cent casiers
de vin, cinquante de bière et beaucoup d'autres
alcools. Aujourd'hui, rien ne manquera non plus.
J'en ferai déposer autant, sinon plus.

LE PRÉSIDENT. — Oh ! Noble ami. Cette action est
inestimable.

MAKAZU. — Non, Excellence, cette action-ci reste
tout à fait estimable.

LE PRÉSIDENT. — Inestimable !

MAKAZU. — Non...

LE PRÉSIDENT. — Ah... ?

MAKAZU. — L'Etat ne doit plus tenir par la seule
force de l'habitude. Cette maison doit être digne
d'un Président. Elle le sera ! Un fidèle ami vous
l'assure. J'irai jusqu'à retourner le fond de mes
poches, pour cela.

LE PRÉSIDENT. — Mon ami, vous faites déjà trop
pour moi.

MAKAZU. — C'est tout à fait normal. Tenez (*il paie
aussitôt et remet au fils le chèque*). De plus, il
faudra procurer des conditions de travail plus
décentes à votre Excellence (*il paie de nouveau*).

Faire mettre un peu plus de lumière, une table de travail et un fauteuil beaucoup plus confortable ; peut-être en faudra-t-il aussi un deuxième à côté, beaucoup plus petit, dans le cas où votre Excellence m'appellerait pour s'entretenir, très longuement avec moi (*il paie de nouveau*).

LE PRÉSIDENT. — Je vous remercie infiniment, mon ami. Mon fils va s'ocuper immédiatement de tout cela ; quant à moi je vais prendre des décisions : je vais partager ce pouvoir qui m'use exagérément. Mon rôle n'est pas de le traîner partout ; d'autres doivent pouvoir le faire pour moi.

MAKAZU. — Oui, je pense que cela est urgent car vous semblez bien fatigué, (*aux autres*) n'est-ce pas ? Il vous faut au moins un ami sûr pour vous seconder et d'autres pour les diverses tâches de l'Etat.

LE PRÉSIDENT. — Messieurs, si vous voulez bien vous retirer ; quant à vous (*à Makazu*) vous, cher, bon et noble ami, l'Etat sait qu'il vous est redevable. Il vous fera connaître, à tous, sa décision d'ici demain.

MAKAZU. — Je vous remercie Monsieur. Nous nous retirons (*il pousse ses camarades vers la sortie*). Ce soir, la foule se félicitera plus que jamais d'avoir eu un Président... un bon Président...

LE PRÉSIDENT. — Vous savez, les Présidents sont en principe tous bons lorsqu'ils sont au pouvoir. Merci quand même mon ami. A demain.

(*Sortent les amis. Le Président et le fils restent seuls*).

LE PRÉSIDENT. — Et toi, que m'offres-tu pour rester à mes côtés, pour avoir le droit de me servir ? Vois Makazu, c'est la plus grosse fortune de notre sol, c'est l'homme le plus puissant, et je l'ai là à mes pieds ; bientôt, il se relèvera un peu pour baiser mon cul. Et tout cela pour un fauteuil, un tout petit fauteuil juste à côté du mien. Je l'userai ; je l'écraserai ; j'userai jusqu'à ses os. Je volerai toutes ses richesses, toutes, même celles qu'il cache au plus profond de son âme. Voir son corps ramper à mes pieds ne me suffira pas ; il me faudra son âme, voir son âme dans toute sa nudité. Seul l'impossible peut marquer avec éclat mon génie. Mais... tu ne dis rien, toi ?

LE FILS. — ...

LE PRÉSIDENT. — Je t'ordonne de parler ; je t'ordonne de cracher ce que tu penses, malheureux !

LE FILS. — Son Excellence oublie-t-elle qu'elle m'avait retiré le droit de parler ?

LE PRÉSIDENT. — Seulement quand ces abeilles tournent autour de la ruche. Nous sommes seuls, maintenant, et j'aime profiter de chaque occasion pour mesurer mon génie.

LE FILS. — Je ne comprends pas.

LE PRÉSIDENT. — Tu es un pur ; tu n'es pas de ce monde. Tu es pur dans tes drôleries ; ce que tu oses appeler le bien. Les hommes, eux, ne connaissent que le mal ; et ils sont impurs dans le mal. Ce monde n'est pas le tien. Un petit assaisonnement du mal te fait monter très haut le cœur et noircir les yeux. Commences-tu à entrevoir de quelle façon je me mesure ? Je tiens tellement à être au-dessus de l'idée de ce monde...

LE FILS. — C'est-à-dire le mal.

LE PRÉSIDENT. — Mais, mon fils, il n'y a qu'une seule idée dans ce monde différent du tien, une seule religion, un Dieu unique : c'est le mal. Je ne fais pas plus que les autres ; je ne change que la manière : j'enlève le vernis du mal.

LE FILS. — C'est génial. Tu es l'égal du mal ; non, tu es au-dessus de l'idée de ce monde.

LE PRÉSIDENT. — Tu penses maintenant...

LE FILS. — Oui, mais tu ne l'es pas seul, tu l'es avec l'Etat.

LE PRÉSIDENT. — Comme tu me fais plaisir. Tu vois comme tu penses bien et juste avec ma tête.

(*On frappe à la porte*).

Quoi... ? Déjà... ? C'est une abeille qui revient autour de la ruche. Je ne l'attendais pas si tôt. Va, va ouvrir et à toi de jouer. Je vais préparer un autre condiment. N'oublie pas que tu dois toujours penser avec ma tête (*il sort*).

SCÈNE 7

(Le fils, malgré lui, reçoit Katoko).

LE FILS. — Monsieur Katoko, vous revenez. Il y a à peine un instant que vous sortiez de cet enfer.

KATOKO *(regardant dans tous les sens).* — Oui, oui je reviens.

LE FILS. — Mais qu'est-ce que vous cherchez ?

KATOKO. — Suis-je le premier ? *(toujours en regardant dans tous les sens).*

LE FILS. — C'est-à-dire ?

KATOKO *(au fils).* — Dis-moi : est-ce qu'il n'y a pas d'autres hiboux qui tournent autour du Président à part Makazu.

LE FILS. — Non. Vous êtes le seul à être revenu.

KATOKO. — Et le Président, où se trouve-t-il ?

LE FILS. — Dans ses appartements.

KATOKO. — A-t-il déjà pris une décision quelconque ?

LE FILS. — Il regrette que Makazu soit celui qui doive le seconder. Il hésite encore à prendre cette décision.

KATOKO. — Qui vous fait croire que c'est Makazu qui le secondera ? Le dernier mot n'est pas encore dit.

LE FILS. — Parce qu'il a été le seul à avoir su se faire estimer et à avoir pu être utile à l'Etat.

KATOKO. — A l'Etat ou au Président ?

LE FILS. — Vous savez bien que c'est la même chose. L'Etat c'est le Président.

KATOKO. — Vous savez que je ne suis pas très riche, mais je peux arriver à me faire estimer plus que ce vieux hibou.

LE FILS. — Ah bon ?

KATOKO. — Je suis intelligent, rusé. Je n'ouvre pas facilement la main. Vous verrez comme cet idiot de Makazu se découvrant ainsi à la première bataille...

LE FILS. — Parce que vous savez que c'est une bataille.

KATOKO. — Eh! oui... Alors je disais : se découvrant ainsi à la première bataille, il perdra la guerre. Il ne lui restera plus un seul sou. Il obtiendra certainement le poste qu'il brigue...

LE FILS. — Je m'en doute.

KATOKO. — Si, si... il l'obtiendra, mais que vaut le pouvoir sans l'or. Cette sorte de pouvoir ne fait que de tristes Présidents, toujours fatigués, qui ne savent pas s'ils se trouvent au sommet de l'échelle sociale ou en bas, comme le nôtre.

LE FILS. — Tiens...

KATOKO. — Bien entendu, il n'est pas dans mes intentions d'offenser notre bon Président.

LE FILS. — Non non, bien sûr, je n'en doute pas.

KATOKO. — Vous voyez... Vous valez une fortune. A propos de fortune, vous pouvez assurer la vôtre si vous m'aidez à trouver le point faible du Président. Refaire cette maison, c'est bien ; mais n'y a-t-il pas une autre chose à quoi le Président tienne davantage ?

LE FILS. — Vous m'avez appris que vous n'ouvrez pas facilement la main. Je n'ai donc aucune illusion à me faire à propos de ma fortune.

KATOKO. — Que si... Avec vous, je serai tendre. Dites-moi ce point faible et vous verrez. Un point faible peu coûteux bien sûr. Ce serait beaucoup plus rentable pour vous et pour moi.

LE FILS. — Eh bien ! Voyons... Pour Son Excellence l'amitié se fonde sur la sincérité et la complaisance.

KATOKO. — Ce qui veut dire ?

LE FILS. — La complaisance, pour lui, c'est la prévenance, c'est la...

KATOKO. — Au fait... Au fait...

LE FILS. — Il faut avoir ouvert la main avant que la bouche du Président ne s'ouvre sur un souci.

KATOKO. — Bien... Bien... Je vois ce que vous voulez dire, mais que faire ?

LE FILS. — Vous avez tous été dans ce salon ; vous en connaissez l'état et le Président, à maintes reprises, vous en a parlé, n'est-ce pas vrai ?

KATOKO. — Vrai.

LE FILS. — Il vous a en quelque sorte demandé lui-même d'aider l'Etat.

KATOKO. — Non. Il n'a pas demandé ; il nous a tout simplement octroyé le droit d'aider l'Etat.

LE FILS. — Comme vous voulez. Par contre, vous n'avez jamais été dans ses appartements, à sa table. Or sachez que le Président adore une bonne table. Le premier qui s'occupera de tout cela avant qu'il n'accorde lui-même le droit d'aider l'Etat de cette façon-là sera le sublime ami.

KATOKO. — Vous avez dit quoi ?

LE FILS. — Le droit d'aider l'Etat.

KATOKO. — Non, ce n'est pas cela.

LE FILS. — Sublime ami.

KATOKO (*il rit et se frotte les mains*). — Etes-vous certain qu'il dira sublime ami ?

LE FILS. — Certain. Pour Makazu qui en a fait moins, il a bien dit noble ami, vous entendez cher, bon et noble ami. Pour vous, il dira sans aucun doute cher, bon, noble et sublime ami. Appréciez-vous la gradation, l'élévation ? Sublime ami.

KATOKO. — Hé... Hé... (*il sort une liasse de billets de banque, une pièce de monnaie tombe, il pose aussitôt le pied dessus. Il compte son argent*). Avec vous, je suis tendre. Mais... Il aime la bonne table n'est-ce pas ?

LE FILS. — Je l'ai dit.

KATOKO. — Alors, il mange beaucoup et très bien.

LE FILS. — Il mange peu, mais de qualité.

KATOKO. — Cela ne reviendra-t-il pas plus cher que de restaurer ce salon ?

LE FILS. — Pensez-vous ? Le Président ne mange que du poisson salé et des haricots.

KATOKO. — Tiens... Le poisson salé, ça donne très soif.

LE FILS. — Quelquefois.

KATOKO. — Alors, il boit beaucoup et des vins très...

LE FILS. — Très bons ?

KATOKO. — En effet, donc très chers.

LE FILS. — Combien coûtent soixante-quinze centilitres de limonade ?

KATOKO. — Pourquoi cette question ?

LE FILS. — La sobriété est le principe directeur de notre Président. Jamais d'alcool.

KATOKO. — Quoi ?

LE FILS. — Jamais d'alcool.

KATOKO. — Ça alors... (il rit). Ce n'est pas possible. Disposer d'un si grand pouvoir et ne pas savoir s'en servir, à ce point.

LE FILS. — Je ne suis pas du même avis que vous.

KATOKO. — Que voulez-vous dire ?

LE FILS. — Il sait très bien se servir de son pouvoir illimité.

KATOKO. — Ah... Non... (*il rit de nouveau*). Je l'aiderai à l'utiliser convenablement quand je serai à ses côtés. Jamais d'alcool !

LE FILS. — Monsieur, ma fortune ?

KATOKO. — Oui... oui... (*il recompte les billets de banque, regarde le fils dans les yeux et lui tend la pièce qu'il a sous son pied*). Ceci n'est qu'un début. Votre fortune est en bonne voie.

LE FILS. — C'est maigre.

KATOKO. — Vous n'aurez pas un sou de plus.

LE FILS. — J'en étais sûr. Sachez ceci : depuis que vous rampez devant moi, je n'ai eu aucune envie de voir la couleur de votre argent. Reprenez-le. Je vois trop comment vous l'avez amassé.

KATOKO. — Jeune homme...

LE FILS. — Taisez-vous et écoutez-moi bien. Je vais vous donner un conseil ; je ne vous le vends pas, je vous le donne. Retournez chez vous, et ne sortez aucun sou de votre poche. Vous pourriez amener ici votre coffre-fort, vous n'obtiendriez rien en retour. Le Président se joue de vous. Il mange bien, il dort comme... comme un Président ; ce salon n'est qu'un guet-apens. Il l'a vidé lui-même. Il vous ruinera tous, à tour de rôle. Il s'assoiera sur vos corps et vos âmes dans ce salon même. Il vous aura tous un à un. Nous assistons au règne de l'homme le plus démoniaque de notre époque. Au lieu de lui ouvrir vos coffres-forts, combattez-le. Il vous faut le combattre. Gardez votre argent et combattez-le. Ainsi, seulement, vous aurez tout.

KATOKO. — Qu'est-ce qui vous prend ? Vous briguez le pouvoir vous aussi ? Je ne me trompe pas, n'est-ce pas ? La seconde place ne vous intéresse pas ; vous voulez la tête, la tête de l'Etat, la tête de votre père. Vous êtes un monstre. Je ne m'associe jamais aux hommes possédés par le démon ; je ne prêterai pas mon concours à un acte aussi odieux. Attendez que j'en parle à votre père... Ah jeunesse... (*Entre, à ce moment, le Président*).

KATOKO (*au Président*). — Excellence, j'ai le regret de vous avoir dérangé dans votre repos. Je faisais un peu de morale à notre petit Président, votre fils, car il en a énormément besoin.

LE PRÉSIDENT. — Vous avez eu raison. D'ailleurs, je ne me reposais pas. Je prenais précisément (*en montrant des papiers qu'il tient dans une main*) les décisions urgentes que l'Etat réclame.

KATOKO. — Vous n'allez pas annoncer la nomination de cet avare de Makazu qui, avec son immense fortune, pourrait faire tellement plus qu'il n'a fait jusqu'ici.

LE PRÉSIDENT. — C'est à peu près cela, pourtant. Il ne manque plus que ma signature.

KATOKO. — N'en faites rien. N'en faites encore rien.

LE PRÉSIDENT. — Et pourquoi ? Cet ami a prouvé qu'il est le pilier de l'Etat.

KATOKO. — Ce n'est pas un ami. Vous n'avez pas encore ressenti l'expression de l'amitié sincère. Vous vous exposez à regretter des décisions un peu trop hâtives. Il y aura du changement d'ici demain. Et je parie que votre opinion sur Makazu aura changé. Il faut déchirer tout cela (*en feignant de prendre les papiers que le Président lui refuse*).

LE PRÉSIDENT. — Vous pouvez avoir raison. Je ne vais pas les déchirer, je vais faire mieux : les brûler pour qu'il ne reste aucun mot de ces décisions trop hâtives (*il montre au fils les papiers qui sont vierges et les brûle*).

KATOKO. — Permettez-moi, Excellence, de me retirer. Des tâches urgentes pour le service de l'Etat m'appellent.

LE PRÉSIDENT. — Bien Monsieur, je ne vous retiens pas.

(*Sort Katoko*).

SCÈNE 8

LE FILS. — Ces papiers étaient blancs.

LE PRÉSIDENT. — Il n'y avait certes aucun mot.

LE FILS. — Tu nous écoutais donc ?

41

LE PRÉSIDENT. — Je suis tout de même Président.

LE FILS. — Ainsi, le Président écoute aux portes.

LE PRÉSIDENT. — Oui ; je suis ma propre police. J'assure moi-même ma sécurité.

LE FILS. — Quelle bassesse !

LE PRÉSIDENT. — Tu parles de choses que tu ne connais pas. Qu'est-ce qui n'est pas bas ? Ce serait bas pour un homme de ne pas refouler ses principes aux calendes grecques et d'écouter aux portes derrière lesquelles on trame un complot ? Ce qui est le moins bas c'est de faire ce qui nous paraît le plus répugnant. Car, dans la bassesse, on s'élève. Mon petit, Katoko devient un ennemi pour toi. Il t'en voudra à mort pour avoir brigué la tête de l'Etat, cet Etat qui lui donne le droit de s'efforcer de se faire estimer. Tu t'entêtes dans tes drôleries ; le bien n'est pas de ce monde ; les hommes ne le connaissent pas et ils ne le veulent pas. Dans le mal, chacun trouve sa satisfaction. Alors pourquoi demander aux hommes de renverser les montagnes, de vider les océans ?

LE FILS. — Tout se trouble en moi. Peut-être as-tu raison.

LE PRÉSIDENT. — Il te faut donc revenir en arrière et refaire ta vie ; car la vie que tu comptes vivre, une fois sorti de notre monde, tu peux la vivre ici même. Il suffit pour cela de réviser tes principes directeurs.

LE FILS. — Je ne peux pas. Je suis d'un autre monde, tu le dis bien ; ce monde est le tien. Dans le mal tout le monde trouve sa satisfaction mais, moi, je n'y trouve que dégoût. Je ne t'aiderai plus d'aucune façon. Je vais continuer mes drôleries. Tu entends... Je veux et je ferai le bien. Je m'opposerai dorénavant à tous tes actes. Peut-être ce monde-ci ne vous appartient-il pas, à toi et tes amis ; peut-être qu'il est le mien. Je veux retrouver le monde et les hommes.

LE PRÉSIDENT. — Prends garde. J'oublierai vite que je suis ton père.

LE FILS. — Tu oublies déjà trop souvent que tu es le Président. Arrête-moi ; tue-moi plutôt ; ce serait une façon comme une autre d'en finir avec cette terre épaisse et visqueuse, d'en finir avec toi et tes animaux aveugles.

LE PRÉSIDENT. — Bon. Je te ferai bientôt un joli cadeau. Je t'offrirai ton monde. Ne crois pas que je te ferai du bien. Je ferai encore le mal pour mon bien car tu ne me nuiras plus. Que n'importe si toi tu trouves que c'est un bien. Une drôlerie de plus ou de moins... Laisse-moi maintenant.

(*Sort le fils*).

SCÈNE 9

LE PRÉSIDENT (*seul*). — Le Professeur vient de recevoir une leçon de l'élève. A cause de l'amour insensé que je portais à mon fils, je descendais peu à peu de ma hauteur. L'amour est une échelle

43

tendue à l'homme pour descendre plus bas que l'amour. Enfin, je me retrouve. Ma main sur mon fils couronnera mon génie. Je reprendrai ma place au-dessus du mal ; l'amour retrouvera son monde possible. Grâce à mon fils, je confondrai les larmes et le rire. (*On frappe à la porte*). Entrez ! Je suis le Président... Le mensonge a trop servi ; il devient nuisible à la longue. J'ai le pouvoir et je déclare aujourd'hui l'heure de la vérité. Le mensonge va se déshabiller et la vérité va servir enfin. (*On frappe plus fort*).

Entrez, vous dis-je.

(*Entre Ossé*).

SCÈNE 10

Ossé. — Puis-je entrer, Excellence ?

LE PRÉSIDENT. — Entrez... Cette maison est la vôtre. Comment pourrais-je dire moins ? Je vis par vous ; vous êtes mon sang.

Ossé. — Vous nous flattez, Excellence.
LE PRÉSIDENT. — Pas du tout ; ce n'est que la vérité.

Ossé. — Nous vous remercions infiniment de votre reconnaissance. Mais ne parlons pas de nos amis communs puisque je suis venu seul.

44

N'est-ce pas Katoko que je viens de croiser dans la cour ?

LE PRÉSIDENT. — Vous ne l'avez pas croisé, puisque vous sortiez d'ici, ensemble, il y a à peine une heure.

OSSÉ. — Si pourtant, c'est lui ; je ne me trompe pas. Nous avons même causé un peu.

LE PRÉSIDENT. — Ah vraiment ?

OSSÉ. — Il semblait très satisfait de son dernier entretien.

LE PRÉSIDENT. — Oui, il s'entretient souvent avec mon fils.

OSSÉ. — Il s'agissait de son dernier entretien avec vous.

LE PRÉSIDENT. — Que lui aurais-je dit de si intéressant en une minute ?

OSSÉ. — Vous dites bien une minute.

LE PRÉSIDENT. — Peut-être moins mais pas plus.

OSSÉ. — Les imbéciles se satisfont de rien.

LE PRÉSIDENT. — Entendons-nous : les parfaits imbéciles.

OSSÉ. — En serait-il un ?

LE PRÉSIDENT. — Hé mon ami, le monde est plein de contradictions. Dites-moi : et vous, que désirez-vous ?

OSSÉ. — Excellence, pourquoi tant de brutalité à mon égard alors qu'avec les autres...

LE PRÉSIDENT. — Parce que les autres sont de parfaits imbéciles. En seriez-vous un aussi ? Je changerai dans ce cas de méthode. De vous, l'Etat n'espère rien, vous êtes sans le sou. Est-ce que je me trompe ?

OSSÉ. — Je ne suis pas riche mais vous n'ignorez pas que j'ai fait le métier des armes.

LE PRÉSIDENT. — Oui je sais qu'en 40 vous nous avez quittés pour faire le métier de soldat.

OSSÉ. — Mieux que cela, Excellence. J'ai fini par devenir adjudant en 54 pendant la guerre d'Algérie.

LE PRÉSIDENT. — Et alors ?

OSSÉ. — Alors ! A l'étranger, j'ai pu placer mes économies en achetant quelques actions, sans que personne ici s'en aperçoive ; vous connaissez mieux que moi la famille nègre : exigeante et insatiable. L'Etat en revanche pourrait bénéficier de ces actions. Ce ne serait qu'un simple transfert, une opération de routine.

LE PRÉSIDENT. — En quelque sorte, vous êtes un riche ignoré.

OSSÉ. — C'est cela même.

LE PRÉSIDENT. — Intéressant. Et que désirez-vous en échange ?

OSSÉ. — Obtenir le droit d'assurer la sécurité de l'Etat.

Le président. — En principe, j'assure moi-même ma propre sécurité. Jusqu'à présent tout marche à merveille.

Ossé. — Aujourd'hui, aucun nuage n'assombrit votre ciel, mais qu'adviendra-t-il demain ? Savez-vous qu'au sortir de cette maison, vos chers et bons amis s'en sont allés se réunir pour vous offenser ?
Aucune raison, pour le moment, de s'inquiéter, direz-vous, mais ne vaut-il pas mieux prévenir que guérir ?

Le président. — Au moment opportun, je vous appellerai.

Ossé. — Mais... Mais... Excellence...

Le président. — Mais...? Mais n'est point une réponse mon ami. Et chaque fois que j'entends le mot mais, et je l'ai entendu bien des fois depuis quarante-trois ans... Eh ! bien, Ossé, chaque fois que je l'ai entendu ce mot, je suis désolé de vous le dire, il précédait une bêtise. Vous me demandez trop. Vous me demandez le droit d'être le bouclier de l'Etat pour des actions dont je ne suis pas encore bénéficiaire.

Ossé. — Il ne s'agit donc que de cela.

Le président. — Il s'agit bien de cela. L'Etat tient à peine debout, il titube. Pensez-vous que ce sont de vaines paroles qui le soutiendront ?

Ossé. — Je me retire donc immédiatement. Soyez assuré que l'Etat ne tombera jamais.

Le président. — Bien ! Il vous faut, pourtant, agir rapidement car j'ai l'intention de recevoir mes amis dans les heures qui suivent.

Ossé. — Au revoir Excellence ; vous voudrez bien m'excuser de vous quitter si brutalement. (*Sort Ossé qui revient quelques instants après*).

Le président. — Quoi encore ?

Ossé. — Des gueux attendent dans la salle, à côté.

Le président. — Introduisez-les. Ils sont maladroits et timides.

Ossé. — Comment ? Depuis quand Son Excellence reçoit-elle maintenant des gueux ?

Le président. — Ce sont mes frères. Vous me nourrissez, vous aménagez ma maison, vous me faites l'aumône, ne suis-je pas un gueux, moi aussi ?

Ossé. — Vous ne devriez pas parler ainsi.

Le président. — Faites entrer mes frères. (*Sort Ossé, trois gueux entrent*).

scène 11

(*Le Président est assis*).

Tous les trois ensemble. — Vive le Président ! Vive le Président !

48

LE PREMIER GUEUX. — Vive le bon Président.

LE DEUXIÈME GUEUX. — Soleil de nos cœurs noirs et aigres.

L'AUTRE. — Aujourd'hui, c'est la chaleur, le feu.

LE PREMIER GUEUX. — Nos terrains en jachère brûlent.

LE DEUXIÈME GUEUX. — Des étendues incommensurables verdissent sous nos pieds.

L'AUTRE. — Des quatre coins de l'horizon, le clairon de nos gorges te salue.

TOUS ENSEMBLE. — Vive le Président ! Vive le Président !

LE PREMIER GUEUX. — Vive le bon Président.

LE DEUXIÈME GUEUX. — Les fruits sont pleins de l'eau du ciel.

LE TROISIÈME GUEUX. — Nos morts frémissent sous la caresse des feux du ciel.

LE PREMIER GUEUX. — A travers le ciel, son nom se hisse au sommet de la nature universelle.

LE DEUXIÈME GUEUX. — Son nom crève nos cœurs noirs et aigres.

LE TROISIÈME GUEUX. — Soleil, roi soleil.

LE PREMIER GUEUX. — Roi soleil, plus que soleil. Dieu...

LE DEUXIÈME GUEUX. — Dieu... plus que Dieu... Nos puits de larmes se dessèchent.

LE TROISIÈME GUEUX. — Surgissent ensuite des fleurs dans les yeux.

TOUS ENSEMBLE. — Vive le Président ! Vive le Président !

LE DEUXIÈME GUEUX. — Soleil de nos cœurs noirs et aigres.

LE PRÉSIDENT. — Assez ! (*il se lève ; les gueux se précipitent, se couchent au bas de la chaise ; le Président marche sur le premier corps puis s'arrête*).

Debout ! j'avoue que vous m'offrez quelque chose de nouveau ; et la nouveauté a toujours quelque chose de bon. J'aime bien qu'on m'adore plus que les Dieux, mais je préfère encore l'or. (*Il retourne s'asseoir*). Vous pouvez vous retirer, je ne vous oublierai pas. (*Les trois gueux se dirigent vers la sortie*).

LE PRÉSIDENT (*au dernier des gueux*). — Hep ! Hep ! Viens ici mon garçon (*Il l'examine*), tu me sembles le plus pur dans la pauvreté. Les autres descendent un peu trop bas, pour qu'on y croie. Par contre, toi, tu es aussi pauvre que le Président, mais en toi croupissent des richesses d'une autre nature, d'immenses richesses.

LE GUEUX. — ...

LE PRÉSIDENT. — Tu as peur de moi n'est-ce pas ?

LE GUEUX. — Oui.

LE PRÉSIDENT. — Si je te faisais gravir quelques marches de l'échelle sociale, tu aurais peur d'avoir à les redescendre par la suite ?

LE GUEUX. — Oh ! bien sûr.

LE PRÉSIDENT. — La peur elle-même est une richesse. Vas donc maintenant, va répandre dans la ville que tu es mon Ministre des Finances. (*Le gueux hésite*). Va...! et il ne faudra plus manquer d'assister à mes petites assemblées. (*Sort le gueux*).

SCÈNE 12

(*Le Président seul*).

LE PRÉSIDENT. — Mon travail n'avance pas, mon collège a fermé ses portes et mes élèves se reposent un peu trop. Moi aussi, peu à peu, je m'enfonce dans le mensonge de ce monde. Je dois être pur dans le mal comme mon fils l'est dans ses drôleries. Je dois rester pur dans le mal pour être à la hauteur du mal. Une chose est dorénavant nécessaire : me servir sans limites d'un pouvoir sans limites. Il faut brûler toutes les sources du mensonge, épuiser tout ce qui peut me faire vivre dans la vérité de ce monde. Une autre chose est nécessaire : faire du mal pour mon bien ; beaucoup de mal pour beaucoup de bien. Gardes... Gardes... (*entrent les gardes*) Ouvrez grandes les portes de l'école. Les vacances sont terminées. Sonnez, sonnez, faites venir à moi tous mes élèves.

Rideau

51

ACTE II

*Salle confortable chez Makazu. Dans un coin,
un grand miroir entouré de bougies allumées. Au
dessous, la photo du Président et celle de Makazu
accolées. Le magicien est en prières. Entre Makazu ; le magicien ne change pas de position.*

SCÈNE 1

MAKAZU. — Holà magicien ! Ecoute bien : je n'ai plus besoin de tes services car le Président est beaucoup plus sensible à l'argent qu'à tes invocations. Mon argent a conquis le Président ; demain, je serai le dauphin du Président.

LE MAGICIEN. — Remettez-moi le carnet de chèques et le stylo.

MAKAZU. — Pour quoi faire encore ? Ah oui, je te dois quelque chose, car tu as quand même contribué à me remonter le moral quand je désespérais.

LE MAGICIEN. — Vous me paierez après, une fois pour toutes quand...

MAKAZU. — Non, je préfère régler mes comptes maintenant ; demain tu risques de me demander les yeux de la tête.

LE MAGICIEN. — Ce n'est pas seulement votre argent qui a conquis le Président. Le stylo et le carnet viennent de moi. Ils ont dormi la nuit dernière dans les mains des esprits. Remettez-les moi et vous verrez comme demain, le Président sera toujours sensible à votre argent. (*Il récite ses prières*).

MAKAZU. — Dis-moi ton prix.

LE MAGICIEN. — Vous me paierez après ; je veux tout d'abord le carnet et le stylo. (*Makazu refuse*). D'ailleurs, je ne pense pas que vous aurez assez de courage pour les garder dans la maison, la nuit prochaine. Ceux qui ont porté leur bénédiction sur ces objets viendront les chercher. Le jour, ces objets appartiennent aux hommes. Mais la nuit, ils appartiennent aux esprits. Gardez-les ; gardez-les, mais il faudra vous expliquer avec les esprits, dans leur langage. Vous les verrez apparaître sur ce miroir ; il fera chaud, la chaleur des enfers ; alors vous converserez avec eux dans leur langage. Si vous ne le faites pas ou si vous n'y parvenez pas, les esprits se fâcheront et s'en retourneront chez eux avec leurs objets et l'âme de celui qui les aura irrités. (*Makazu se débarrasse précipitamment du carnet et du stylo*). Votre argent a conquis le Président grâce à ces objets ; et ces objets ont agi grâce à la bénédiction des esprits.

MAKAZU. — Je te crois. Mais confirme-moi que demain le Président se décidera enfin à reconnaître les services que je lui rends.

LE MAGICIEN. — Un magicien qui se respecte ne s'engage pas sans consulter les esprits. Nous ne ressemblons pas aux fétichistes. Ceux-ci modèlent paraît-il, les esprits à leur idée ; ce sont des charlatans. Le magicien, lui, attend que les esprits modèlent les hommes. Je ne fais que la liaison esprit-homme, homme-esprit ; je n'assure que la communication grâce à ma télévision personnelle (*en montrant le miroir*). Je ne fabrique ni talisman ni potion. Je ne peux donc pas savoir de quoi demain sera fait, mais...

Makazu. — Mais quoi... ?

Le magicien. — D'ores et déjà, je peux avancer que vous avez quelque chance.

Makazu. — Comment quelque chance ? Le Président n'a distingué que moi, tout à l'heure.

Le magicien. — Je sais. A l'aide de ma télévision, je n'ai pas quitté des yeux le Président et son assemblée. Makazu, vous avez bien manœuvré tantôt ; mais une faute de dernière minute...

Makazu. — Une faute... ? Quelle faute ?

Le magicien. — Vous avez trop parlé. Le Président ne vous a-t-il pas dit à la fin : « Merci quand même » ?

Makazu (étonné). — Si, en effet !

Le magicien. — Merci quand même ; ce « quand même » montre que vous avez, à cette minute précise, baissé aux yeux du Président.

Makazu. — Est-ce possible ? Que faire ? Dis-le moi, je t'en conjure !

(Soudain la lumière s'éteint ; seules les bougies restent allumées).

Le magicien. — C'est le moment où je communie avec les esprits. Restez près de moi. Je vais en profiter pour leur parler de vous. N'ayez pas peur ; pensez au pouvoir que vous obtiendrez grâce à cette minute. Je vais leur demander de disposer le Président en votre faveur (il prie).

57

Couchez-vous sur le ventre ne relevez en aucun cas la tête (*il prie de nouveau*) ; il fait chaud, la chaleur des enfers. Sentez-vous ? Il fait chaud.

MAKAZU. — Oui... Oui... très chaud.

LE MAGICIEN. — Ils sont là devant moi ; ne relevez pas la tête, surtout pas ; vous deviendriez aveugle. Les esprits sont là. Je les vois, ils me touchent.

MAKAZU. — Oui... Oui... Je les vois (*Le magicien touche Makazu*) Ah...! Je les vois ; ils me tou... tou... chent. A a ah...!

LE MAGICIEN. — N'ayez pas peur ; pensez au pouvoir qui vous viendra grâce à cette minute. Ecoutez bien Makazu, les esprits vous parlent : « Tu n'es pas seul Makazu ; les autres, Katoko et Ossé, veulent obtenir du Président la même place. Tantôt, le Président n'a distingué que toi, mais maintenant Ossé est revenu auprès de lui ; et il n'a fait qu'effacer les traces de Katoko, lequel est rentré satisfait chez lui... »

MAKAZU (*se relève*). — Ce n'est pas vrai ? Ce n'est pas vrai ? (*La lumière se rétablit aussitôt*).

LE MAGICIEN (*fâché*). — Les esprits sont partis par votre faute. Vous ne pouviez pas respecter mes recommandations ? Ils sont partis et ne reviendront pas.

MAKAZU. — Fais-les revenir, je t'en prie. Je ne me relèverai plus.

LE MAGICIEN. — Trop tard. Je ne suis pas un fétichiste moi, j'obéis aux esprits (*il commence à éteindre les bougies ; on frappe à la porte puis entre Katoko*).

KATOKO. — Puis-je entrer Makazu ?

MAKAZU. — Vous êtes déjà entré, il me semble.

KATOKO. — Eh ! oui, c'est vrai ; j'oublie les règles élémentaires du savoir-vivre. Mais, vous n'êtes pas seul ?

MAKAZU. — Comme vous voyez.

KATOKO. — Je vous dérange peut-être, donc je vais vous parler très vite. (*Il s'approche du Magicien qu'il cherche à bien voir ; ce dernier le fuit*). Tiens ! vous le connaissez aussi ? Je vois qu'il est très sollicité.

MAKAZU. — Parce que vous le connaissez ?

KATOKO. — Oui, j'ai souvent eu recours à lui.

MAKAZU. — N'allez rien imaginer qui ne soit la simple vérité. Cet ami vient de temps en temps soigner mes maux de côtes. La médecine blanche se perd dans ma maladie. Mais, lui, réussit à me soulager.

KATOKO. — Ainsi il est également guérisseur ? (*Au magicien*) Vous êtes un homme inestimable. (*A Makazu*) Figurez-vous qu'à moi, il prévoit de temps en temps l'avenir.

MAKAZU. — Que dites-vous là ? Il ne prévoit jamais l'avenir.

KATOKO. — Il l'a pourtant déjà fait pour moi.
MAKAZU (*au magicien*). — Est-ce vrai ?

59

LE MAGICIEN. — Oui... Euh... Non... c'est-à-dire que je donne quelquefois des conseils pratiques.

MAKAZU. — Des conseils pratiques ?

KATOKO. — Quelle modestie ! Voilà une digne qualité d'un saint homme. Juste après notre entretien avec le Président, où vous avez brillé, je l'ai consulté et il m'a montré le chemin à suivre pour rattraper le retard de mes affaires.

MAKAZU. — Ce n'est pas possible. Mon ami, notre ami, n'a pas bougé de cette maison depuis hier.

KATOKO. — Voyons ! Quand avons-nous eu le dernier entretien avec le Président ?

MAKAZU. — Aujourd'hui.

KATOKO. — Quand avez-vous brillé dans le Palais ?

MAKAZU. — Il y a à peine quelques heures.

KATOKO. — Alors je ne me trompe pas. C'est bien aujourd'hui, et non loin du Palais, que j'ai eu le bonheur de rencontrer notre inestimable ami.

MAKAZU. — Je n'y comprends rien. Où es-tu ? (au magicien).

LE MAGICIEN. — Je suis là.

MAKAZU. — Y comprends-tu quelque chose ?

LE MAGICIEN. — Euh...

KATOKO. — Mais que veut dire tout ceci (en montrant l'autel du magicien).

MAKAZU. — Vous savez notre ami est l'auteur d'une découverte exceptionnelle. C'est à l'aide de ce miroir qu'il soigne mes maux de côtes.

KATOKO. — Comment ?

MAKAZU. — Eh bien la chaleur dégagée par les bougies placées d'une certaine façon, converge sur le miroir d'où elle est dirigée par lui, grâce à des lois obscures dont il détient le secret ; elle est donc réfléchie en un mince trait qui vient griller le mal. Par ce moyen, je me sens de mieux en mieux.

KATOKO. — C'est véritablement génial. Et ces photos.

MAKAZU. — La chaleur monte si haut que le malade risque de perdre connaissance. Aussi, pour que l'on puisse contrôler son état à chaque instant, le patient doit-il dire s'il voit encore son image. C'est bien cela, n'est-ce pas ?

LE MAGICIEN. — C'est cela.

KATOKO. — Et la photo du Président ?

MAKAZU. — Le Président naturellement doit être associé à cette grande œuvre de notre race.

KATOKO (intéressé). — (Au magicien) Il faudra venir à la maison car je me sens tout à coup des fourmis dans les côtes. D'ailleurs, tu dois passer comme d'habitude recueillir le fruit de tes conseils.

LE MAGICIEN. — Comme vous voulez.

MAKAZU. — Etes-vous venu seulement pour attraper des maux de côtes ? Non, n'est-ce pas !

KATOKO. — Je vous apportais une nouvelle ; mais peut-être la connaissez-vous déjà ?

MAKAZU. — Je ne sais pas. Dites toujours.

KATOKO. — Le Président nous convie de nouveau au Palais.

MAKAZU. — Le Président nous appelle ? (*enthousiasmé*) c'est l'heure tant attendue, l'heure de la gloire.

KATOKO. — La gloire de qui ?

MAKAZU. — Euh...! Evidemment, nous le saurons là-bas.

KATOKO. — Vous, Ossé, le fils et moi ; il y a vraiment trop de prétendants.

MAKAZU. — Le fils n'est pas dangereux puisqu'il veut la tête de l'Etat, la tête de son père. Le Président sait ce qui se passe autour de lui. Il n'élèvera que le véritable pilier de l'Etat.

KATOKO. — Bien sûr... C'est ainsi qu'un inconnu a déjà le pouvoir.

MAKAZU. — Un inconnu ?

KATOKO. — Pire encore : un gueux.

MAKAZU. — Quoi ? Un gueux... ? Un gueux...!

KATOKO. — Ministre des Finances !

(*Entre furtivement le fils*)

62

MAKAZU. — Non, c'est impossible.

KATOKO. — Tendez l'orelile vers la rue et vous saurez si, vraiment, c'est impossible.

LE FILS (*s'approchant*). — Telle est bien la vérité.

MAKAZU (*surpris*). — Comment êtes-vous entré ? Depuis combien de temps ?

LE FILS. — La porte était grande ouverte et...

MAKAZU. — Depuis combien de temps ?

LE FILS. — A l'instant même. Le premier mot sur lequel je suis tombé...

MAKAZU. — Que voulez-vous ?

KATOKO. — Que nous nous entendions pour tuer son père.

LE FILS. — Je voudrais vous parler encore une fois, bien que je sache que vous n'y tenez pas.

MAKAZU. — Soyez bref.

KATOKO. — Voyons si le refrain n'a pas changé de ton.

LE FILS. — Mon père vous appelle au Palais.

MAKAZU. — Nous le savons déjà.

LE FILS. — Ne croyez pas que c'est dans de bonnes intentions. Il veut maintenant dessécher vos âmes et les étaler aux yeux du public comme dans un marché. Réfléchissez cette fois-ci ; il n'est pas encore trop tard. Si vous ne réagissez pas...

KATOKO. — Ah... ! Nous y sommes.

LE FILS. — Si vous ne réagissez pas, si vous tombez dans ses marais puants, vous y resterez ; vous ne vous relèverez plus.

MAKAZU. — Vraiment ?

KATOKO (*en faisant signe à Makazu*). — Et que faudrait-il faire, selon vous ?

LE FILS. — Eteindre le soleil qui vous décharne. Combattez-le, au lieu de vous laisser griller. Piétinez, à cette heure, son règne, le règne du mal. Vous êtes tout de même des hommes et non des animaux aveugles.

MAKAZU. — Cela suffit. Vous vouliez parler, vous avez parlé ; maintenant, disparaissez. Remerciez !es dieux qu'ils ne vous foudroient pas lorsque vous profanez le nom de votre père, notre bon Président.

LE FILS. — Les dieux ne peuvent pas me foudroyer ; ils sont avec moi car ils se retrouvent aujourd'hui sous les pieds du Président. (*Il sort*).

MAKAZU. — O dieux, protégez notre cher Président de ce monstre.

KATOKO. — Qu'adviendrait-il si le fils prenait le pouvoir avant nous ? Ne nous ferait-il pas regretter amèrement d'être restés sourds à son appel ?

MAKAZU. — Vous n'y pensez pas ? Le père n'élèvera jamais la jeunesse au sommet de l'échelle sociale. La jeunesse, c'est la plaie de toutes les époques ; elle ne pense qu'à casser, à jalonner son chemin, et celui des autres, d'échecs.

KATOKO. — Le fils pourrait un jour écarter son père.

MAKAZU. — Soyons sérieux. Chez les jeunes, tout est trop petit, trop inconsistant pour cela. Vous savez, chacun s'accommode inévitablement de ce que le sort lui assigne. A la jeunesse, le sort assigne l'étude à nos côtés ; et à nous autres, les vieux, la mise en pratique de toutes les connaissances et expériences accumulées au cours des années.

KATOKO. — Puissiez-vous penser vrai. En tout cas, nous allons connaître d'ici peu ce que le sort nous réserve. A bientôt Makazu. (*Au Magicien*) N'oublie pas que je ne peux plus me passer de tes conseils pratiques. Je t'attends chez moi. (*A Makazu*). Libérez-le vite. (*Il sort*).

SCÈNE 3

MAKAZU (*au magicien*). — Penses-tu qu'il ait compris que je me sers, en plus de l'argent, des pouvoirs obscurs pour arriver au but ?

LE MAGICIEN. — Je ne pense pas ; vous l'avez dissimulé admirablement.

MAKAZU. — Alors, c'est bien, car je ne voudrais pas que lui aussi en arrive là, sinon la balance des chances cesserait de pencher de mon côté. Mais... Je ne comprends pas une chose.

LE MAGICIEN. — Laquelle ?

MAKAZU. — Katoko prétend t'avoir vu non loin du Palais.

LE MAGICIEN (*gêné*). — N'êtes-vous pas sortis ensemble du Palais ?

MAKAZU. — Justement.

LE MAGICIEN. — M'avez-vous vu ?

MAKAZU. — Non justement.

LE MAGICIEN. — Suis-je sorti de chez vous depuis hier soir ? Pendant la période de liaison avec les esprits, il ne m'est pas permis de quitter un seul instant mon autel.

MAKAZU. — Et les conseils pratiques, qu'as-tu à en dire ?

LE MAGICIEN. — En effet, Katoko semble s'intéresser souvent à moi ; mais cela s'explique. Les esprits, pour me transmettre avec netteté les allées et venues du Palais, ont transporté ma seconde nature dans ces lieux, et cette nature irradie autour d'elle un flux magnétique. Ainsi, Katoko, à peine entré dans cette maison, a-t-il perçu ce flux magnétique déjà connu qui a provoqué en lui une certaine réaction. C'est ce qui fait que...

MAKAZU. — Je comprends... Je comprends... Dorénavant, tu n'aideras que moi ; je ne te permettrai pas de rencontrer Katoko. Et quand j'entrerai au Palais, tu seras à mes côtés.

Maintenant, dresse l'autel ; invoque les esprits ; rappelle-les pour moi.

LE MAGICIEN. — Je ne le peux pas. C'est aux esprits de m'appeler.

MAKAZU. — Fais ce qu'il faut pour qu'ils reviennent dans ma maison pendant que je serai au Palais. Fais-le, je t'en prie.

LE MAGICIEN. — Je ne le peux pas.

MAKAZU. — Fais-le.

LE MAGICIEN. — Cela comporte trop de risques : les esprits se sont retirés très irrités d'ici, tout à l'heure.

MAKAZU. — Fais-le pour moi, coûte que coûte.

LE MAGICIEN. — Cela peut te coûter les yeux de la tête.

MAKAZU. — Je te paierai en conséquence.

LE MAGICIEN. — Et comment dédommagerez-vous les esprits ?

MAKAZU. — Je n'ai rien qui puisse dédommager convenablement ces êtres immatériels. Leurs valeurs sont différentes des nôtres. Je ne possède que de l'argent et...

LE MAGICIEN. — Les êtres immatériels qui vous soutiendront tout à l'heure au Palais se contenteront de la matière. Je ferai tout dans ce but.

MAKAZU. — Oh ! merci. Tu ne le regretteras pas ; je te le promets.

LE MAGICIEN. — Partez au Palais rassuré. (*Il rallume les bougies*). Chacun des gestes, chacun des mots, chacune des décisions du Président seront inspirés par les esprits. Ceux-ci vous soutiendront ; ils répondront par votre bouche ; ils marcheront dans votre pas. Allez, et soyez, au retour, un homme nouveau ; grand, puissant, plus riche que jamais, le dauphin de l'Etat.

> (*Le magicien se remet en prières ; Makazu l'observe mais, sur le point de le quitter, il entend des coups de sifflet qui se rapprochent de plus en plus ; Makazu et le magicien sont saisis de peur*).

MAKAZU (*au magicien*). — De quoi s'agit-il ? Qu'est-ce que cela peut-il vouloir dire ?

LE MAGICIEN. — Je n'y comprends rien moi non plus. Jusqu'ici la liaison avec les esprits ne s'est jamais faite à coups de sifflet.

MAKAZU. — C'est peut-être le langage qu'ils exigeront dorénavant ?

LE MAGICIEN. — Ou peut-être vient-on nous arrêter ? Ecoutez (*on entend des pas*).

MAKAZU. — Nous arrêter ? Pourquoi ? Qu'avons-nous fait ? Nous n'avons pas cessé de souhaiter la prospérité de l'Etat. (*Entrent deux gardes du Palais*). En effet, plus de doute. Je suis coupable. (*Aux gardes*) Messieurs, je suis à vous ; faites votre devoir.

UN GARDE. — Son Excellence, l'Etat, a décidé de se reposer dans une de ses maisons.

MAKAZU. — Quoi ?...

LE MÊME GARDE. — Il vous demande de faire en sorte que le repos lui soit agréable dans cette maison.

MAKAZU. — Seulement cela ? Ma maison est la sienne ; il s'y reposera agréablement. N'en doutez pas ! Mais, ne devait-il pas recevoir ses amis au Palais ?

LE MÊME GARDE. — Son Excellence a convié tous ses amis dans cette maison historique, la deuxième après le Palais. (*Les gardes resteront dans la salle, debout, sans parler*).

LE MAGICIEN. — Dans ce cas, il faut que je me retire immédiatement.

MAKAZU. — Non, mon ami. Tu dois rester au contraire puisque je te dois ce grand bonheur. Le Président vient de faire de cette maison, la deuxième après le Palais. Je suis donc le second homme de l'Etat.

LE MAGICIEN. — Cela ne me dit rien de bon.

MAKAZU. — En me plaçant aux côtés du Président, tu sauves l'Etat. C'est mon devoir de lui présenter son sauveur.

LE MAGICIEN. — Tous les propos du fils me reviennent d'un seul coup.

MAKAZU. — Le fils du Président est un imbécile. Ne pense pas à lui.

LE MAGICIEN. — Je pourrai peut-être enlever mon autel ?

MAKAZU. — Non. Je suis sûr que le Président aimera cela. Retire seulement ma photo. (*Ce que fait le magicien*).

69

LE MAGICIEN. — Que pensera Katoko ?

MAKAZU. — Il se contentera de penser, il n'osera rien dire contre l'Etat.

LE MAGICIEN. — Tout ce qu'il dira sera contre vous.

MAKAZU. — Tu sais bien que je viens d'être consacré. Je suis moi aussi l'Etat, après le Président.

LE MAGICIEN. — Je ne me sens pas rassuré. J'ai le pressentiment...

(Entrent Katoko, Ossé et sa femme).

SCÈNE 4

KATOKO (*à Makazu*). — Mais que se passe-t-il donc ?

OSSÉ. — Pourquoi le Président nous reçoit-il ici ?

MAKAZU. — Cela vous étonne-t-il ? Il est ici chez lui. Ne trouvez-vous pas que cette maison est digne du Président ?

OSSÉ. — Makazu, il me semble que cette fantaisie présidentielle ne vous surprend pas. A voir comment vous avez pris soin de meubler ce salon (*il montre l'autel*), on penserait que le Président n'a pas trouvé son idée tout seul.

MAKAZU. — Rien ne me surprend ; je ne le vous cache pas.

OSSÉ. — Et celui-ci (*en désignant le magicien*), que fait-il ici ?

MAKAZU. — Il est mon invité.

OSSÉ. — Il n'est pas l'invité du Président.

MAKAZU. — Vous êtes bien venu avec votre femme. Le Président l'aurait-il invitée ?

OSSÉ. — Oui, précisément !

MAKAZU. — Et pour quelle raison ?

KATOKO. — Dans cette affaire, quelque chose n'est pas clair.

(*Coups de sifflet lointains ; les deux gardes répondent par un autre coup de sifflet*).

(*Le Président arrive*).

LE MAGICIEN (*à part*). — Je me demande comment je vais sortir de cet étau.

LA FOULE. — Vive le Président... ! Vive le Président... !

(*Entrent le Président, son fils et le gueux*).

71

Tous ensemble. — Vive le Président... ! Vive le Président... !

Le président. — Vous êtes tous là naturellement. (*Il voit l'autel*) Cher Makazu...

Makazu. — Oui Excellence ?

Le président. — Vous n'épuiserez donc jamais la source de vos idées ? A chaque rencontre, vous me faites découvrir de nouvelles sensations.

Makazu. — Mon existence entière est au service de l'Etat. Mais cette idée nouvelle n'est pas de moi. Mon ami que voici (*en désignant le magicien*) ne cesse de servir l'Etat dans l'ombre.

Le président. — Tiens... !

Makazu. — Il n'a, cependant, jamais rien demandé.

Le président. — S'il est aussi serviable que vous le dites, il faut alors lui demander en quoi l'Etat peut lui être utile.

Le magicien. — Ce n'est pas en quoi l'Etat peut m'être utile qu'il faut me demander, mais plutôt si j'ai été assez utile à l'Etat.

Le président. — Hum ! Ce langage n'est pas encore connu de moi.

Katoko. — Excellence, je connais, moi aussi, cet homme. Son esprit est largement ouvert. Il vient de faire tout dernièrement une découverte qui rehausse notre race. C'est un véritable savant.

MAKAZU. — Excellence, Katoko exagère un peu les qualités de notre ami.

KATOKO (*à Makazu*). — Ce matin même, vous m'avez dit que le Président devait être associé à cette découverte de notre race. Voudriez-vous par hasard l'en écarter, à présent ?

MAKAZU. — ...

LE PRÉSIDENT. — Ainsi, c'est un savant ?

MAKAZU. — Il a mis au point un procédé de guérison qui détrône la médecine des Blancs.

KATOKO. — C'est un procédé très efficace.

LE PRÉSIDENT. — Tu as donc découvert une médecine nouvelle ? Je suis fier de ton génie. A partir d'aujourd'hui, tu t'occuperas de la santé de l'Etat.

MAKAZU. — Ai-je bien compris Excellence ?

LE PRÉSIDENT. — Oui Makazu, je sais reconnaître les valeurs nécessaires à l'Etat. (*Au magicien*) Ministre de la Santé.

KATOKO. — Excellence, le public a besoin d'un guérisseur aux moyens vulgaires. Or cet homme pratique une médecine entièrement nouvelle.

LE PRÉSIDENT. — Vous avez raison ; mais qui vous dit qu'il sera Ministre de la Santé Publique ? Il exercera de plus hautes fonctions : Ministre de la Santé Présidentielle.

MAKAZU. — Je crains que vous ne vous rendiez pas compte...

LE PRÉSIDENT. — Si, car j'ai déjà commencé à assigner à chacun une récompense selon son mérite. (*Au magicien*). Ne restez plus de ce côté-là ; le pouvoir se trouve de mon côté. (*Le magicien se déplace et va se placer comme le Président l'a indiqué*).

MAKAZU. — Vous nous fouettez tous doublement. Mes amis et moi-même trouvons déjà que votre premier choix ne convenait pas ; et ce nouveau...

LE PRÉSIDENT. — Qu'appelez-vous ce qui convient ? Apprenez tous dès aujourd'hui que les choses doivent être faites, comme il convient à l'Etat, c'est-à-dire comme il me convient. Voilà la convenance.

KATOKO. — Il y a tant de bonnes mains parmi nous.

LE PRÉSIDENT. — Mes Ministres en ont d'excellentes.

MAKAZU. — Mais le Ministre des Finances, par exemple, ne possède rien, il risque, par la suite, de se servir dans la caisse de l'Etat.

LE PRÉSIDENT. — Détrompez-vous. Mon Ministre ne possède rien : c'est un fait ! Cela prouve qu'il ne me volera pas ou plutôt qu'il me volera moins, de peur de rejoindre son rang. Celui qui ne possède rien vole moins parce qu'il n'a pas la possibilité de dépenser beaucoup. On s'en apercevrait bien vite. Bref, passons.

Le temps presse, tout vieillit et les affaires de l'Etat exigent du neuf. Par ces décrets (*il les montre*), j'assigne à chacun de vous une récompense selon son mérite. Chacun aura ce qu'il mérite ; d'ailleurs, tout ce qui arrive dans la vie arrive justement. Le remarquer n'est qu'une question d'attention... A propos de décret donc, il m'est venu une belle pensée que je veux partager avec vous. Mon règne porte de plus en plus de vernis mais mon pouvoir ne manifeste plus son utilité entière. Jusqu'à présent, j'ai attendu l'aumône comme un mendiant et on m'a tendu des choses insignifiantes ; maintenant que l'or rentre peu à peu, que l'Etat se redresse, que le pouvoir grandit, que mes moyens se perfectionnent, l'Etat peut exiger des choses plus grandes. Il en exige déjà. Le renouveau semble nécessaire dans les affaires de l'Etat. Je vais d'abord satisfaire chacun selon les hautes possibilités de l'Etat nouveau.

Décret n° 1 : Mon fils, ayant le souci suprême de vivre dans un monde différent du nôtre, celui-ci ne lui convenant pas, l'Etat se doit de l'aider dans sa recherche et lui ouvre pour faire son expérience les portes d'un autre monde.

Gardes... Gardes... (*viennent les gardes*) Emmenez mon fils et tuez-le lentement pour qu'il se sente abandonner ce monde et pénétrer dans l'autre. Allez-y et tuez-le lentement.

(*Cri d'épouvante de la femme*).

LE PRÉSIDENT. — Qui est cette femme ?

OSSÉ. — C'est mon épouse, Excellence et voici...

LE PRÉSIDENT. — Oui, je me rappelle. Je m'étais permis d'inviter votre femme à cette assemblée. Il ne faut pas qu'il soit dit que le Président manque de galanterie. Approchez, madame, venez tout près de moi (*la femme hésite*).

(*Ossé la pousse lui-même*).

OSSÉ. — Et puis voici le fruit de notre rencontre.

LE PRÉSIDENT (*prend sans faire attention les actions qu'il lui tend*). — Bien... Bien... Vous avez une épouse charmante. (*Il embrasse la main, le bras, il se lève pour embrasser l'épaule*).

OSSÉ. — Excellence, mon épouse, euh... nos amis...

LE PRÉSIDENT. — Savez-vous que vous êtes déjà en possession d'un pouvoir ? Celui de ne rien faire à l'encontre de votre Président et de son génie.

MAKAZU. — Les affaires de l'Etat pourraient souffrir d'une telle légèreté.

LE PRÉSIDENT. — L'Etat ? Qui est-ce ? N'est-ce pas moi ? Comment l'Etat pourrait-il donc en souffrir puisque j'y trouve un vif plaisir ? (*A Ossé*) Vous avez une épouse charmante. (*Soudain, il se tape sur la joue*).
Adjudant Ossé, je vous déclare le droit d'assurer ma sécurité.

OSSÉ. — Oh ! merci Excellence.

LE PRÉSIDENT. — Qu'est-ce que vous attendez pour prendre fonction ?

OSSÉ. — Mais...

LE PRÉSIDENT. — Mais quoi ? Les moustiques m'achèveront si vous ne vous en occupez pas.

OSSÉ (*déçu*). — Bien Excellence. (*Il sort. Le Président se lève et embrasse l'épaule de la femme. Revient Ossé avec un pistolet fly-tox, il commence à bombarder les moustiques*).

(*Entrent les deux gardes*).

UN GARDE. — Permettez, Excellence, votre fils vient de rendre l'âme.

LE PRÉSIDENT. — Etait-il comblé ? Qu'a-t-il dit avant de mourir ?

LE MÊME. — Attendez que je me souvienne ; quelque chose dans ce genre « Je suis vivant dans le monde qui s'ouvre devant moi, où tout est à ma mesure. Je te remercie mon père. Vive le Président ! » Voilà, c'est tout.

LE PRÉSIDENT. — Mes amis, l'Etat vient de désaltérer quelqu'un d'une soif d'impossible. Les dieux devant l'impossible ont toujours été impuissants ; ils l'ont cherché jusqu'aux limites d'eux-mêmes, sans l'atteindre. Moi, j'en ai trouvé le moyen ; j'ai trouvé la lac où étancher la soif d'impossible. Alors vous ne dites rien ?

Mon fils, lui, n'a pas oublié ce détail.

LES GARDES. — Vive le Président !

TOUS ENSEMBLE. — Vive le Président ! Vive le Président !

LE PRÉSIDENT (*aux gardes*). — Restez-là. (*A tous*). De quoi étions-nous en train de parler ?

OSSÉ (*toujours occupé à bombarder les moustiques*). — Je voulais dire qu'en 54, j'ai fait le métier d'adjudant. De 1954 à aujourd'hui, il y a plus de dix ans, alors...

Le président. — Alors... ? (*Au gueux*) Fais signer à mes amis les décrets 2 et 3 (*les amis hésitent*). Dépêchez-vous avant que je ne revienne sur ma décision. Car l'un de ces décrets nomme mes Ministres. (*Tous se précipitent et signent ; le Président se lève et embrasse la femme sur la nuque*). Colonel Ossé, vous avez une épouse charmante. (*A tous*) Voilà, en signant, vous venez de bénéficier en même temps de deux décrets ; c'est beaucoup.

Voyons-en maintenant le contenu : le chapitre premier du décret n° 1 vous déclare le droit de prétendre à la seconde place dans l'Etat.

Le chapitre 2 : vous nomme Ministre sans portefeuille ; le chapitre troisième : oblige chacun de vous à démontrer ses qualités en vue d'une bonne répartition du pouvoir.

Colonel Ossé, vous savez bien assurer ma sécurité ; continuez dans ce domaine-là.

Gardes, passez tous deux de mon côté. Vous serez le Jury. Premier portefeuille en jeu : Culture et Arts. Montrez ce que vous valez. Le portefeuille reviendra à qui se montrera le meilleur.

Makazu. — Excellence...

Le président. — Je vous demande de montrer ce que vous valez dans le domaine culturel, pas autre chose.

Katoko. — Excellence nous ne pouvons faire cela.

Le président. — Comment ?

Makazu. — C'est humiliant.

Le président. — Donc, c'est bon. Vous descendez les marches de l'échelle sociale pour les remonter ensuite. C'est bon. Une fois arrivé là-haut, vous saurez combien de marches il vous a fallu gravir et combien cela est pénible. Maintenant, dansez. *(Ils dansent ; les gardes et les gueux rient, le Président embrasse la main, le bras, l'épaule, la nuque de la femme ; Ossé s'énerve mais continue de bombarder. Le magicien ne rit pas).* Arrêtez. Vous manquez d'inspiration ! Aucune originalité ! Je me rends compte que je vous ai pris de court. Aussi, allons-nous remettre cela à demain. Quant au chapitre fondamental du décret n° 3, mon Ministre des Finances va vous le lire, mois je suis fatigué.

LE GUEUX. — Le texte fondamental du décret numéro trois déclare le droit pour tous les sujets de l'Etat possédant une fortune quelconque, de maintenir debout, une fois pour toutes, l'Etat, en versant leurs richesses en leur totalité dans la caisse de l'Etat.

TOUS ENSEMBLE. — Non...

KATOKO. — C'est de l'inconscience !

OSSÉ. — C'est une plaisanterie !

LE PRÉSIDENT. — Que vous arrive-t-il donc ? *(Au gueux).* La suite.

LE GUEUX. — Lu et approuvé par Messieurs Makazu, Katoko et Ossé ; et ils ont tous signé.

LE PRÉSIDENT. — Bien, *(il reprend ses papiers)* maintenant, il est temps de penser à autre chose, à d'autres exigences de la nature. *(A Ossé)* Je ramènerai moi-même votre épouse. *(Il entraîne la femme dans une pièce voisine ; tous les autres regardent Ossé qui ferme les yeux, serre les poings. Le gueux et les gardes disparaissent).*

LA FOULE. — Vive le Président ! Vive le Président !

SCÈNE 7

LE MAGICIEN (*à part*). — Tout se complique. Comme je ne possède aucune notion de médecine, c'est le sort du fils qui m'attend au Palais. Me voilà obligé de rester avec les autres.

MAKAZU. — Que dis-tu magicien ?

OSSÉ. — Magicien ?

MAKAZU (*au magicien*). — Les esprits n'agissent pas encore ; seraient-ils, eux aussi, aux pieds du Président ?

OSSÉ. — Que vient faire un magicien dans cette histoire ?

KATOKO. — Que vous êtes naïf : vous n'avez pas la trempe d'un homme d'Etat.

MAKAZU (*plus menaçant*). — Magicien, tu me dois des explications.

LE MAGICIEN. — Le Président est fou. Il m'a enfermé dans sa cage comme vous. Pour sortir de là, il faut de grands moyens. Les esprits sont

80

plus expéditifs quand il s'agit de frapper farouchement. Réfléchissez ; concertez-vous. Je suis prêt à vous aider : il faut arrêter la marche de ce démon.

Katoko. — Il est temps de nous occuper sérieusement du Président.

Ossé. — Oui ; on ne peut lui pardonner le mal qu'il fait.

Katoko. — Cela ne peut plus durer ainsi.

Ossé. — Non cela ne peut plus durer.

Makazu. — Il nous dépouille ; il nous fait danser devant ses gardes ; il couronne des gueux...

· Katoko. — Et il prétend que tout ce qui arrive, arrive justement.

Makazu. — On ne peut lui pardonner. Il me dépouille jusqu'au dernier centime et me fait danser. Vous Katoko, il vous ronge jusqu'à la moelle des os. Et vous Ossé, il s'octroie des droits sur votre épouse et vous transforme en garçon de chambre. Il tue son propre fils. Bien sûr, ce dernier ne valait pas d'être sauvé ; mais avez-vous remarqué de quel cynisme il a tissé ce châtiment.

Ossé. — Oui, oui. Ce n'est qu'un cynique.

Makazu. — Soyez avec moi, mes amis. Vivre ainsi, dans l'impuissance et l'humilité, je ne peux pas le supporter. Mon choix est fait.

Katoko. — Moi˙ aussi, j'ai fait mon choix.

OSSÉ. — Il se permet des libertés avec mon épouse devant ses gardes et devant un gueux ; il se permet des libertés avec mon épouse en public, au su et au vu de tout le monde. Il me la prend chaque nuit et ne me la rend qu'au matin. Je suis avec vous, jusqu'au bout.

MAKAZU. — Bien ! il faut donc nous décider ; il faut abattre l'Etat lui-même.

KATOKO. — Quoi ? Vous n'y pensez pas. Celui qui vient de mourir voulait aussi la tête de l'Etat.

MAKAZU. — Hésiterions-nous encore ? Entre vivre à genoux et mourir debout, moi je ne peux pas hésiter.

KATOKO. — Peut-être avez-vous raison, mais il faut agir vite.

OSSÉ. — J'ai bien compris.

LE MAGICIEN. — Faisons vite ; le temps presse. Ecrivez chacun sur un bout de papier le nom du nouveau Président, pendant que je me mets en contact avec les esprits. (*Le magicien prie : il prend les bouts de papier écrits par les trois amis. Quelques instants après le magicien sursaute*). Dites donc, vous tous, cherchez-vous à ce que les esprits me mettent en quarantaine ?

MAKAZU. — Qu'est-ce qui se passe encore ?

LE MAGICIEN. — Ce qui se passe, c'est que les esprits ne comprennent pas votre langage.

TOUS ENSEMBLE. — Comment ?

LE MAGICIEN. — Moi qui suis mortel comme vous, je n'y comprends rien non plus. Premier papier, nom du prochain Président : moi, deuxième papier, encore : moi ; troisième papier, toujours : moi.

TOUS ENSEMBLE. — Ah ! C'est comme ça (*Ils se regardent*).

LE MAGICIEN. — Il en faut supporter trop avec vous. (*Il ramasse ses affaires*). Je préfère ma tranquillité à l'argent que vous pourriez me donner. Je m'en vais loin, loin de vous tous et de votre Président. (*Il sort et les trois conjurés se regardent chacun tenant son papier*).

MAKAZU. — Tout n'est pas perdu ; nous connaissons déjà la voie à suivre.

KATOKO. — Oui, mais qui sera Président ?

MAZAKU. — Entendons-nous ; le meilleur, c'est-à-dire que le plus utile à l'Etat sera Président.

(*Ossé se détache d'eux*).

KATOKO. — Qui ? Qui alors ?

(*Un temps*).

OSSÉ. — En vérité, nous n'avons jamais été unis. Il va sans dire que je ne tiens pas à vivre à genoux. Je suivrai donc mon propre chemin. (*Il sort*).

(*Makazu et Katoko se regardent ; Katoko s'écarte du premier, le regarde encore une fois, puis sort*).

MAKAZU (*seul*). — C'est bien vrai. Nous n'avons jamais été unis.

Rideau

ACTE III

SCÈNE 1

La salle du Palais. Les deux gardes sont assis sur le bureau de travail du Président et boivent.

LA FOULE (*dans les coulisses*). — Vive le Président ! Vive le Président !
Vive le ...... (*bruit sourd*).
Entre précipitamment le Président.

LE PRÉSIDENT. — Que se passe-t-il ? Pourquoi la foule se tait-elle ? Criez ! Chantez ! Louez le Président. Pourquoi ne crie-t-elle plus ? (*Il regarde les gardes qui continuent de boire*). Et vous, pourquoi ne criez-vous pas ? Pourquoi buvez-vous ?

UN GARDE. — Nous sommes le Jury et l'Arbitre. Nous sommes du côté du pouvoir.

LE PRÉSIDENT. — Ce côté est le mien ; le vôtre est ici.

LE DEUXIÈME GARDE. — Nous ne voyons plus cela comme vous. Et nous tenons à rester à cette place.

LE PRÉSIDENT. — Vous vous trompez car, de l'autre bord, vous êtes avec la foule.

LE PREMIER GARDE. — C'est vous qui vous trompez. Il n'est plus question de foule. Le peuple...

LE PRÉSIDENT. — Comment ? Je ne connais que la foule, l'ordre exige que...

LE GARDE. — L'ordre ancien exigeait ; maintenant c'est l'ordre nouveau qui exige.

L'AUTRE GARDE. — Désormais tout est véritablement nouveau : nous sommes maintenant le Peuple, et nous mangeons sur la table du Président.

LE PRÉSIDENT. — C'est un coup d'Etat en somme...

LE GARDE. — C'en est un ! Oui.

SCÈNE 2

(*Entre Ossé ; les deux gardes se redressent*).

LE GARDE. — Vive le nouveau Président ! A bas l'ancien !

LE PRÉSIDENT (*à Ossé*). — Vous ?

OSSÉ. — Non. Plutôt le peuple et moi. (*Il s'adresse au peuple*). Peuple, je rends hommage à votre choix.

88

LE PEUPLE (*dans les coulisses*). — Vive le Président ! A bas l'ancien ! Vive l'excellent Président !

LE PRÉSIDENT. — Vous déposez, vous aussi, du vin autour du Palais ?

OSSÉ. — On ne fait pas du peuple des ivrognes. On lui glisse un peu d'argent en passant, quand on lui serre la main. Cela se voit moins.

LE PRÉSIDENT. — Qu'ai-je fait à cette foule ?

OSSÉ. — Vous avez omis de la baptiser. La foule c'est quelque chose de vague, d'insignifiant, d'ignorant. Moi j'ai eu l'idée de marquer la foule. On le fait pour les bœufs, à plus forte raison pour la foule. Elle se nomme aujourd'hui : Peuple. Et puis les ivrognes oublient trop vite les bienfaits.

LE PRÉSIDENT. — Peuple et foule, foule et peuple, qu'y a-t-il de changé ? J'ai cherché à atteindre l'impossible, l'impossible le plus aigu pour déchirer le voile des yeux. Mais l'homme ne se découvre pas. Rien, rien de ce monde n'est à la mesure de l'homme. Tout ici ne convient qu'à des animaux aveugles. Où sont les peuples dans ce monde sans horizon. Vient quelqu'un qui crie que la terre pue, c'est un monstre. Vient celui qui dit aux pauvres : vous êtes des riches, vous n'avez pas faim ; aux vieux : vous êtes des jeunes ; aux voleurs : c'est bien ; qui nomme les animaux aveugles : peuple ! Celui-là est un « héros ». Un héros qui a le droit de faire la guerre, de célébrer des fêtes, de trafiquer, de flatter, de se montrer arrogant, soupçonneux et cruel, de conspirer, de thésauriser, pourvu qu'il le fasse pour son compte, au nom du peuple.

89

Mon fils, mon fils, dis-moi si ton monde est celui des hommes. Car il existe quand même une patrie des hommes, où règnent la bonté, la pureté, la dignité, la pitié, la justice, la bienveillance, la tendresse ; une patrie où l'homme est combinaison de la terre avec l'eau, où même l'homme a une âme. Au contraire je vois ici qu'on se teint d'une couleur grise et qu'on laisse derrière soi une odeur de fauve. Je trouve de la fiente à la place de la terre, le crime et le vol à la place de l'eau, et le vide à la place de l'âme. Ce monde n'est pas celui des hommes, il est celui des animaux indéfinissables.

OSSÉ (*à un garde*). — Emmenez-le ! Qu'il occupe une place entre son fils et le gueux !

LE PRÉSIDENT. — Tuez-moi lentement, plus lentement que mons fils.

OSSÉ. — Emmenez-le et tuez-le vite. (*Un garde l'emmène ; le nouveau Président au deuxième garde*) Quant à vous, attendez ici, dans un coin tous les autres amis qui ne vont plus tarder. Et vous les conduirez sous les pieds de l'ancien Président. C'est la place de leur choix (*Sort Ossé*).

SCÈNE 3

(*Le garde se cache. Makazu et Katoko entrent chacun de son côté. Ils s'affrontent des yeux au milieu de la salle, puis se précipitent sur le*

90

bureau dont ils agrippent chacun une extrémité ; ils s'affrontent à nouveau du regard puis se précipitent vers la chaise).

LE GARDE (*apparaît*). — Halte !

MAKAZU. — Le Président n'est plus ?

LE GARDE. — Non.

KATOKO. — L'Etat se meurt.

LE GARDE. — Oui.

KATOKO. — Il faut un nouvel Etat.

MAKAZU. — Un nouveau Président.

LE GARDE. — Oui, mais vous venez trop tard pour la première place, assez tôt pour la seconde.

KATOKO. — Nous sommes les premiers.

LE GARDE. — Pas tout à fait. Le peuple est arrivé le premier ; et il a élevé lui-même le meilleur de ses fils.

MAKAZU ET KATOKO (*ensemble*). — qui ?

LE GARDE. — Le Général Ossé.

MAKAZU. — Le Colonel Ossé ? .

LE GARDE. — Non. Le Général Ossé.

MAKAZU. — Et nous, que devenons-nous ? L'Etat aura besoin de bonnes mains pour le soutenir. Le pouvoir seul ne suffit pas.

LE GARDE. — L'Etat est riche ; et vous ne possédez plus rien.

MAKAZU ET KATOKO. — Comment ?

LE GARDE. — Le dictateur n'est plus, mais le peuple ne remet en cause que certaines de ses décisions. En outre, l'ancien Président avait affirmé que là où vous iriez, vous n'auriez pas besoin d'or pour vous enrichir. S'enrichir, ce sera découvrir l'homme, a-t-il dit. De même que l'or se trouve sous terre, l'homme se trouve au-dedans de vous. Creusez dès maintenant. Au-dedans de vous est la source de l'homme, et c'est une source qui peut jaillir toujours si vous creusez toujours. Le peuple ne vous dérangera pas ; là où serez, il vous laissera tout le temps.

MAKAZU ET KATOKO (*ensemble*). — Où çà ?

LE GARDE. — Sous les pieds de l'ancien Président. C'est une bonne place.

MAKAZU ET KATOKO (*ensemble*). — Où çà ?

LE GARDE. — Là où il est moins pénible de gravir les marches de l'échelle sociale, car celle-ci reste constamment couchée. Vous verrez, c'est une bonne place. (*Il les emmène*).

FIN

TABLE

Préface, de Henri Lopès 7

Prologue 13

Acte I 17
Acte II 53
Acte III 85

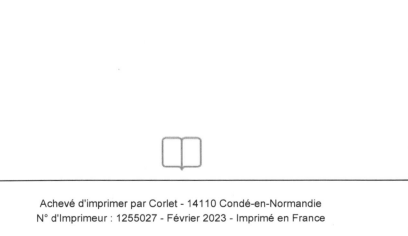

Achevé d'imprimer par Corlet - 14110 Condé-en-Normandie
N° d'Imprimeur : 1255027 - Février 2023 - Imprimé en France